LE MARIAGE

ou

L'AVENIR DU PORTUGAL

PARIS

CHEZ TOUS LES LIBRAIRES

—

1862

LE MARIAGE

L'AVENIR DU PORTUGAL

Notre siècle est, quoi qu'on en dise, un siècle grand et fort. Il a déclaré la guerre à toutes les idées fausses et fait bonne justice de tous les préjugés du passé. C'est aux grands principes de 1789 qu'il demande ses inspirations, sa règle de conduite et le progrès social basé sur la liberté, édifice auquel il apporte chaque jour une nouvelle pierre.

Il marche d'un pas lent et sûr; et, si parfois il s'arrête, c'est pour lancer un défi à quiconque veut faire obstacle à son œuvre persistante et régénératrice.

L'esprit humain se distingue aujourd'hui par une énergie inconnue et parfois méconnue; il suit sa voie à travers et malgré tout; il ne se laisse point arrêter par les protestations des avocats systématiques du passé : il ne cède pas, non plus, aux instigations de ceux qui, voulant le faire marcher trop vite, l'engagent à construire sur le sable.

Architecte prudent, il construit pour l'avenir et il veut que son œuvre soit durable et solide. Il semble dire aux âges futurs : Vous irez plus haut et plus loin que moi, mais à la condition de persévérer dans la route que je vous ai tracée et de n'édifier que sur les bases immuables que j'ai jetées pour vous.

Les dynasties ennemies du progrès chancellent ou même ont déjà disparu. Aux droits des rois succèdent les droits des peuples : les nationalités endormies se réveillent, les autocrates tremblent; ceux-là même qui ne se sont jamais inclinés reconnaissent une puissance qu'ils ne songent même plus à combattre, encore moins à vaincre : ce n'est là, de leur part, que le premier pas fait dans la voie des concessions. Dieu marche avec les peuples et il semble désormais avoir pris en main leurs libertés et leur indépendance. Il faut être aveugle pour nier l'intervention de la Providence dans les grands faits de notre époque, et, parmi ces grands faits, le dernier, sans être le plus saillant, pourra bien être le plus fécond. Je parle du mariage du roi Louis de Portugal avec la princesse Marie Pie de Savoie.

Autrefois les unions entre souverains n'étaient que des affaires de dynasties : les maisons royales se prêtaient un mutuel appui pour faire prévaloir leur individualité au détriment de tous. Des querelles éclataient à propos de successions; des guerres sanglantes troublaient la tranquillité du monde entier et l'on ne tenait aucun compte des peuples : qu'arrivait-il alors? Les rois ne cherchaient qu'à augmenter leurs possessions et surtout leurs revenus en s'adjoignant, en s'annexant des races d'hommes, de mœurs diverses, de caractères opposés, de langues différentes, et ils arrivaient ainsi à créer une confusion générale, véritable tour de Babel, où les individus ne se comprenaient plus et se vouaient bientôt des haines aussi violentes que prolongées. De là les dissensions intestines, les guerres civiles au milieu desquelles le pouvoir royal cherchait à s'agrandir, et, tout en flattant et en châtiant les différents partis, à tour de rôle s'appuyant tantôt sur celui-ci, tantôt sur celui-là, il parvenait ainsi à étouffer dès son origine et à son berceau toute idée libérale ou généreuse.

De telles alliances pouvaient accoupler les races, mais elles ne les unifiaient pas!

Aujourd'hui même, n'avons-nous pas un exemple de cet état de choses hors nature? Ne voyons-nous pas l'Autriche tenir abaissés, mais non vaincus, vingt peuples divers sous son sceptre pesant? Les alliances de la famille de Hapsbourg ont amené ce résultat, bien que, parmi les populations qui lui sont soumises, certaines lui aient été agrégées par des moyens moins légaux encore.

A l'occident de l'Europe, une autre famille, la famille française, s'est enrichie par ses alliances successives. Les Bourbons, par leurs mariages, ont reconquis bien des provinces qui, par leur nationalité, appartenaient légitimement à la France. Mais aussi que de guerres injustes et cruelles ont ensanglanté leur territoire ! guerres amenées par des alliances où l'intérêt d'une race royale, seul, était en jeu. Avouons-le cependant, cette propagande matrimoniale a parfois eu de bons résultats et on a pu dire de l'autorité agrandie plus par les mariages que par les victoires : « *O felix nube !* »

De nos jours, si la diplomatie suivait la même voie, elle se tromperait à coup sûr et n'arriverait à aucun bon résultat. Les peuples ont appris à se considérer comme complétement en dehors des familles qui les gouvernent. Ils ne veulent plus être une dot apportée par une princesse à son époux. Ils vivent de leur vie, ils ont leur individualité, ils existent, ils sont.

Les grandes idées issues de la révolution française leur ont enseigné que les rois qui leur ont été imposés (quelques-uns le sont encore) ne peuvent rien pour la liberté générale et font malheureusement trop souvent bon marché des libertés individuelles. La fiancée n'apporte à son mari que ce qui lui appartient en propre, et les peuples, qui n'appartiennent qu'à eux-mêmes, regardent d'un œil froid les unions qui ne leur sont d'aucun profit et ne leur font pas faire un pas dans la voie du progrès.

Ce fut là l'erreur du roi Louis-Philippe : en alliant ses fils à des maisons qui ne représentaient pas une idée, il n'entraînait pas avec lui les esprits de notre époque qui veut rompre avec le passé quand même. Aussi, lors de sa chute, n'a-t-il trouvé aucun appui dans ces familles qui, cependant, ont ressenti le contre-coup de sa déchéance. Ces familles, à son exemple, étaient restées en dehors du mouvement social, et, malgré la valeur des parties alliées, rien de grand, rien de véritablement humain, ne pouvait sortir de ces unions.

Mais, lorsque l'alliance de deux grandes maisons souveraines a pour but le progrès et se traduit par une idée éminemment civilisatrice, cette idée doit avoir une grande portée et une haute signification : c'est là le cas du mariage dont nous nous occupons.

La maison de Savoie s'alliait naguère à la grande dynastie

napoléonienne et réunissait deux nations dont les rôles ont été, sont et seront encore immenses dans les fastes de l'histoire. L'Italie, berceau des sciences, des arts et du génie moderne, s'alliait à la France, fidèle amie de la révolution! Elles s'unissaient dans une étreinte durable formant le premier chaînon du grand monde latin ressuscité. L'alliance de don Luis de Bragance et de la princesse Pie me semble le second anneau de cette grande chaîne. Instruites par l'exemple des familles de Bourbon et de Hapsbourg, les maisons de Bragance et de Savoie ne peuvent suivre d'autre route que celle tracée par les idées modernes.

Elles sont jeunes, elles ont la force de la jeunesse. A une époque où toutes les races royales contemplent avec effroi la marche du progrès, elles le regarderont d'un œil ferme, sans crainte puérile, comme sans confiance aveugle ; elles préparent, lentement peut-être, mais d'une manière sûre, leurs voies et leurs moyens, s'appuyant sur le système représentatif, le seul possible dans un siècle de luttes et de conquêtes morales. Elles comprennent qu'un grand rôle leur est réservé, soit dans la marche progressive du monde, soit dans le rétablissement du grand élément latin.

Le latinisme, source du mouvement civilisateur moderne, maître de la théologie du moyen âge et de la renaissance ; origine de l'école philosophique du xviie et du xviiie siècle, a fait sentir partout, même chez les peuples envahisseurs, son influence bienfaisante et lumineuse.

Mais les pays où cette influence a été la plus profonde, où elle se retrouve dans les mœurs locales comme dans les caractères individuels, sont, sans contredit, la France, l'Italie et la péninsule Ibérique. C'est là, surtout, que la civilisation romaine a laissé ses traces les plus ineffaçables. C'est dans ces contrées que l'éducation a pour base l'esprit d'examen et la foi qui vivifie les âmes. L'Italie, elle, n'a eu qu'à conserver. malgré les orages et la marche du temps, une flamme éternelle comme celle du foyer de Vesta, éclairant çà et là les pages de son histoire.

La France, fille aînée, je ne dis pas seulement de l'Église, mais de l'Italie, s'est assimilé le génie latin, grâce aux souvenirs laissés par Jules César dans les Gaules : les barbares, venus pour étouffer cette étincelle, en ont été embrasés. Chassés, à leur tour, par d'autres hordes qui, elles aussi, se sont réchauffées à ce foyer immense, ils ont traversé les Pyrénées pour aller rejoindre en Ibérie les nations avec lesquelles ils se sentaient une sorte d'affinité.

Le mouvement latin, suivant aussi les rivages de la Méditerranée, a enclavé ce grand lac dans un cercle non interrompu de terres romaines et en a fait une mer exclusivement latine.

Aussi, les yeux de l'Europe entière sont-ils fixés sur ce monde qui se renouvelle progressivement et qui, adoptant sans arrière-pensée les idées modernes, remplace la décrépitude par une nouvelle jeunesse, plus brillante, plus vigoureuse que la première.

L'Italie acquit, pas à pas, ville à ville, son unité. La France, grâce aux annexions successives qui ont agrandi son territoire, grâce surtout aux immortels principes de 1789, s'est constituée depuis longtemps.

Il ne reste plus désormais à se former que l'unité ibérique. En Espagne, un seul Bourbon cherche à se rattacher au système représentatif. Tous les autres membres de cette famille, frappés par le principe même dont ils sont l'expression, principe de droit divin et en dehors du droit bien autrement sacré de la volonté des peuples, ont été obligés de s'éloigner.

Le dernier Bourbon, un enfant dont on a fait tout ce qu'on a voulu, a pu se maintenir tant bien que mal sur un trône chancelant, aidé en cela plus par les circonstances que par la force même de son gouvernement.

Aussi, est-ce encore là le pays de la prédominance cléricale exagérée et des idées rétrogrades. Cette malheureuse contrée en est à cette heure, comme mouvement intellectuel, au règne de Philippe II. Elle n'avance pas et ne pourra avancer que lorsqu'on aura compris que le catholicisme mal interprété est la plus funeste des causes de décadence auxquelles puisse être exposé un grand peuple.

C'est là surtout, c'est là toujours le côté faible de la péninsule ; le moine y conduit l'homme d'action ; l'inquisition, supprimée par les lois, existe encore. Opprimée, elle opprime à son tour, en étouffant les instincts généreux des masses ; elle n'élève plus de bûchers sur la place publique, mais elle entretient une espèce de crainte sans nom ; elle cherche, par tous les moyens possibles, à éteindre les premières lueurs d'une aurore nouvelle.

L'Espagne semble systématiquement ne pas vouloir reconnaître les grandes idées modernes et se refuse au majestueux mouvement des races latines qui prépare la régénération du monde entier. Quand, autour d'elle, tous les peuples s'agitent, se lèvent et font entendre leurs voix, restées si longtemps silencieuses, l'Espagne seule est muette : elle dort d'un sommeil voisin de la mort.

Ce n'est pourtant pas à la nation elle-même qu'il faut faire ce reproche ; c'est au gouvernement bourbonnien qui la régit encore aujourd'hui. Cette nation, qui pourra compter, quand elle le voudra, parmi les grandes puissances, est en ce moment, malgré ses ressources, la dernière, moralement parlant, du reste de l'Europe. Tous les gouvernements, à leur tour, reconnaissent la grande famille italienne, applaudissant à sa résurrection ; seule, l'Espagne, suivant les errements de la maison de Hapsbourg, s'obstine à considérer l'Italie sa sœur comme une étrangère et souhaite même pour elle un abaissement aussi rapide que son élévation. Qu'elle prenne garde cependant : l'exemple de la maison qu'elle prend pour modèle est fait pour l'instruire. Il ne faut pas longtemps à une famille pour disparaître ; les peuples et les nationalités vivent toujours ; que les amis du progrès, que tous ceux qui s'affligent de la position faite à une aussi belle contrée se consolent pourtant ; les Espagnols sont encore de hauts et clairvoyants esprits ; ils entrevoient l'avenir à travers les brouillards du fanatisme, à travers le manteau troué de l'absolutisme ; dans leur cœur ils saluent avec joie l'unité italienne et salueront un jour avec transport l'unité ibérique.

Jetons un coup d'œil sur le passé de ce malheureux pays. De toutes les nations modernes celles qui ont le plus souffert, celles pour qui la vie morale a été la plus difficile à conquérir, celles qui partout et toujours ont fait naître les plus vives sympathies, sont l'Italie et l'Espagne, nations sœurs et martyres.

Occupons-nous de la dernière.

Ce qui, dès le début, frappe surtout dans son histoire, c'est l'influence contrastante des deux génies latin et maure. L'Italie et l'Afrique se rencontrent à chaque pas sur son sol, et, après s'être longtemps fait la guerre, se confondent aujourd'hui dans une étreinte qui a formé un art bizarre, sans précédent et sans exemple, l'art espagnol.

II

Peu de contrées ont eu à soutenir autant d'invasions successives, autant de guerres sanglantes, étrangères ou intestines. Nous voyons d'abord les Carthaginois, maîtres de ce beau pays, chassés, après une longue lutte, par les Romains, par le peuple qui rêvait toutes les conquêtes ; puis les Romains subissant à leur tour, en Espagne, comme dans toutes leurs possessions, l'invasion des Barbares. Plus tard, ce sont les Visigoths qui, venus de Gaule, poussés par d'autres peuplades, ont traversé les Pyrénées pour fonder un royaume durable.

Les Visigoths sont non pas remplacés, mais refoulés à leur tour par les Maures, qui portent la puissance morale du pays à une immense hauteur et laissent sur le sol ibérique des traces profondes de leur passage. Ils fondent Grenade, puissante expression du génie africain, au-delà d'un fleuve à qui son nom arabe est resté : Quadalquivir (Oued el Kebir, le grand fleuve). Ce génie laisse même en Espagne des souvenirs plus vivaces et plus enracinés que ceux laissés en Italie et en France par le génie barbare.

Cependant, vers le nord de l'Espagne, dans les montagnes des Asturies, reste caché longtemps le berceau de l'Espagne chrétienne, plus même, de l'Espagne éminemment catholique. Burgos, la patrie du Cid, la ville froide comme le christianisme primitif, déclare la guerre à l'Alhambra. Pas à pas, les descendants des Goths reconquièrent le sol de la patrie et c'est là que le génie espagnol se montre pour la première fois dans sa puissance réelle : cette lutte héroïque qui dura si longtemps démontre jusqu'à l'évidence tout ce qu'il y a de vraiment grand et de vraiment fort dans cette population qui mit tant de patience à chasser ainsi l'étranger.

Aussi, en évoquant tout ce glorieux passé, il est impossible d'affirmer la mort définitive de la Péninsule : les descendants de tels héros seront certainement un jour aussi forts qu'ils l'ont déjà été, et déploieront autant de vaillance dans une lutte morale contre les idées rétrogrades qu'ils en ont déployé dans une lutte physique contre des oppresseurs. Le flot chrétien s'avança constamment, renversant partout sur son passage la puissance arabe. Le point culminant de cette longue guerre fut la possession définitive de Tolède. C'est dans cette ville que, pied à pied, chevaliers et musulmans combattirent, se disputant le terrain. A partir de là, ce ne fut plus, pour ainsi dire, qu'un travail d'assimilation des deux antagonistes ou des deux génies. Les Maures, vaincus matériellement et moralement, apportèrent à la civilisation espagnole leur esprit propre; ils firent une Espagne composée de la simplicité de l'Evangile et des arabesques musulmanes : ce fut une alliance entre l'âme et la matière, entre Jésus-Christ et Mahomet.

Ainsi, tandis que la partie septentrionale de l'Espagne, de Burgos à Tolède, est tout imprégnée de l'esprit chrétien, la partie méridionale est toute mauresque. C'est Grenade et l'Alhambra; c'est Cordoue, ville musulmane dont la mosquée se transforme en cathédrale ; c'est Cadix, riche du commerce des Maures ; c'est Séville, le lieu des délices, le paradis de Mahomet et des houris.

Enfin, Ferdinand et Isabelle fondent la monarchie espagnole.

Dès lors cette puissance devient prépondérante dans les affaires du monde.

Les Maures, ayant perdu le gouvernement, restaient pourtant dans le pays. Les Espagnols, hommes d'épée, dédaignaient le commerce et l'agriculture ; la race vaincue s'y livre entièrement et enrichit la nation qui les a épargnés à l'heure de la victoire. Ainsi les Africains restent en Espagne jusqu'à ce que Philippe III, par un acte stupide et impolitique, les en chasse. Ils partent alors définitivement, emportant avec eux la force industrielle qui avait jusque-là soutenu la nation.

Dans le génie méridional, en Espagne, comme en Provence, comme en Italie, se trouvent trois principes qui, loin de se nuire, se fondent harmonieusement ensemble : le paga-

nisme, le christianisme, l'islamisme. Ces trois principes in-
fluent non-seulement sur l'esprit religieux, mais encore sur
l'art et la poésie.

Cependant, chacun des trois pays s'imprègne plus spéciale-
ment de l'un de ces trois principes. Ainsi, l'Espagne est plus
mahométane ; la France, plus chrétienne, dans le sens élevé du
mot ; l'Italie, plus païenne.

C'est justement parce que c'est le principe brûlant de l'A-
frique qui domine en Espagne qu'on voit le peuple espagnol
être un peuple de gentilshommes ; le sang bouillant des Maures fait naître l'héroïsme ; la grandeur des actes comme celle
des manières, grandeur étrangère aux autres peuples chré-
tiens, prend sa source dans le génie musulman. Et puis, cette
lutte si longue contre l'oppression a amené forcément une cer-
taine égalité contre les individus : il n'y a point de castes
quand tous combattent côte à côte, quand les périls et les dan-
gers sont communs ; de là vient cette immense quantité de
nobles espagnols, noblesse, sans exemple comme sans nombre, car, dans le pays, on en peut compter aujourd'hui jusqu'à 800,000.

Jusqu'ici nous n'avons vu que l'Espagne grande et heu-
reuse ; voici maintenant la contre-partie.

Au seizième siècle, l'Europe ressuscite l'antiquité : elle va
compléter sa civilisation aux foyers, toujours ardents, de l'ancienne Grèce et de l'ancienne Rome. Cette immense révolution
sociale et artistique ouvre l'ère moderne : elle amène des flots
d'idées nouvelles qui régénèrent le vieux monde, brisé par les
luttes précédant la formation des nationalités.

L'Espagne seule ne sort pas du moyen âge. Philippe II dé-
truit ce qu'a fait Charles-Quint : à l'Espagne glorieuse que lui a
léguée son prédécesseur, il fait succéder une Espagne sombre et
violente : les jésuites et l'inquisition. Aussitôt le soleil brillant du
ciel hispanique se voile, l'obscurité couvre le sol. Vivant en
dehors de la lumière artistique qui vient de France et d'Italie,
en dehors de la réforme religieuse qui vient d'Allemagne et
qu'il repousse systématiquement, l'Espagne se renferme dans le
souvenir de son passé. Mais, quelque glorieux que soit le passé,
il ne peut suffire à l'esprit d'une génération qui est bien de son
siècle, qui veut apprendre, qui veut aller en avant. C'est alors

que l'inquisition, en abrutissant le peuple, raffermit forcément sa foi chancelante. C'est alors que bûchers et tortures se succédèrent sans interruption, allant chercher partout l'idée nouvelle pour la saisir et l'étouffer après l'avoir rendue odieuse par la calomnie et les imputations mensongères.

Pendant cette période néfaste, les poètes sont des hommes d'épée ou de religion; ils s'appellent : Caldéron et Lope de Véga.

La Renaissance enfante partout la philosophie. La France, l'Allemagne, l'Italie produisent des hommes éminents qui sondent les secrets de la nature ; l'étude de l'antiquité conduit à l'étude des choses naturelles : les discussions scolastiques sont oubliées. On se lance, soit dans l'érudition, soit dans les recherches approfondies du domaine des idées : des flammes nouvelles brillent de toutes parts; l'esprit humain commence cette marche ascendante qui ne s'est pas arrêtée depuis. L'Espagne, elle, dédaignant la philosophie, se plonge dans la théologie; elle ne s'occupe que de panégyriques pour l'Église ou de rêveries extatiques ; c'est l'époque de saint Jean de la Croix, de sainte Thérèse, des frères Luis de Léon.

Puis, vient le tour du xvii⁰ et du xviii⁰ siècle. Pendant cette époque toute de clarté qui sert de précurseur au grand xix⁰ siècle, l'Espagne n'est rien ; sa devise est : néant. Le pouvoir clérical la domine, la tient brisée sous une verge de fer ; elle est rayée moralement de la liste des nations. C'est en vain que Louis XIV place un Bourbon sur le trône espagnol, c'est en vain que le grand roi prononce la fameuse parole : *Il n'y a plus de Pyrénées;* les Pyrénées existent toujours pour les idées françaises qui viennent s'y briser comme sur une barrière infranchissable.

Enfin, Napoléon franchit ces montagnes et le catholicisme et la liberté de conscience se trouvent en présence.

On sait ce que fut cette funeste guerre.

L'esprit français, amené par le grand Empereur, eut à lutter contre la superstition la plus enracinée ; cependant les idées nouvelles jetèrent des germes profonds sur ce sol héroïque. Les Espagnols firent des prodiges de valeur et montrèrent qu'ils étaient bien les descendants de la race qui chassa les Maures.

A la chute de Napoléon, les Français aussi quittèrent l'Espagne ; mais, comme les Maures autrefois, ils laissèrent, en
partant des traces de leur civilisation.

On eut beau replacer un Bourbon sur le trône, le charme
était rompu. Depuis, les souverains de ce pays ont eu à lutter
contre les idées modernes. Cette lutte dure encore. Elle du-
rera tant que le peuple espagnol ne jettera pas un regard sé-
rieux sur les plaies qui le rongent ; tant qu'il n'aura pas le courage moral d'en sonder les profondeurs et de les guérir par
un remède énergique, quelque violent que soit ce remède.

Cependant, l'Espagne ne doit pas encore se considérer
comme perdue ; à l'ouest de ce grand royaume, il en est
un, plus petit comme étendue, mais plus grand comme valeur
morale, car il est gouverné par une famille qui marche dans
la voie du progrès et qui ne faillira pas à sa destinée.

Si l'Espagne absolutiste doit disparaître, qu'elle se console :
l'*Ibérie*, l'*unité ibérique* est bien près de renaître.

III

La partie de la péninsule qui forme le royaume de Portugal
subit, d'abord, les mêmes destinées que sa voisine.

Ce n'est que plus tard qu'elle commença à former un État
particulier.

Elle fut, comme le reste de la Péninsule hispanique, con-
quise par les Maures jusqu'à ce que Ferdinand de Castille en
recouvra une portion. Un des descendants de ce roi, Alphonse II,
maria sa fille à Henri, prince français et arrière-petit-fils de
Robert, roi de France, et le fit comte de Portugal. Le fils
d'Henri, Alphonse Ier, hérita des États que son père avait déjà
considérablement agrandis par des luttes continuelles contre
les Maures : il poursuivit le même but, celui d'étendre la pré-
pondérance de sa famille, au détriment des oppresseurs. Ce
fut, à cette occasion, après une grande victoire remportée
sur cinq rois maures, que son armée triomphante le proclama
roi de Portugal. Ainsi, là, comme chez les populations chré-
tiennes de l'Espagne proprement dite, il est impossible de
nier la parenté rapprochée de ces deux fragments d'un seul

peuple. Il n'y eut dans tout cela de fâcheux que la scission profonde entre les deux portions d'un même tout, qui ne tardèrent pas à se traiter en mortelles ennemies et reculèrent ainsi pendant des siècles l'accomplissement de cette grande idée de l'unité ibérique, qu'il est peut-être donné à notre siècle de voir se former définitivement.

Les successeurs d'Alphonse Ier continuaient à lutter contre les Africains toujours possesseurs d'une partie de la Péninsule : ils les refoulèrent jusqu'en Andalousie. Puis, doués d'une dévorante activité et ne sachant l'employer autrement que dans des combats sanglants et sans but ils tournèrent leurs armes contre les Castillans : ce fut la grande, l'unique faute de la famille de Portugal.

Cependant, malgré des guerres qu'on pourrait presque traiter d'intestines et de fratricides, le peuple portugais rendait d'immortels services à l'esprit européen par ses découvertes maritimes. Au commencement du xve siècle Jean Ier, roi de Portugal, luttant avec l'empire de Maroc, envoya plusieurs vaisseaux reconnaître la côte occidentale de l'Afrique, jusqu'au cap Baiadar. A son tour, un de ses fils équipa à ses frais une petite flotte et partit à la recherche de nouvelles contrées : il reconnut Madère ; puis, successivement, dans les années suivantes, les hardis navigateurs du même pays découvrirent le cap Vert, les Açores, le Pingo, le cap de Bonne-Espérance, la côte orientale de l'Afrique et les Indes. Enfin, en 1500, Alvarès Cabral découvrit le Brésil.

Voilà ce qui rendra longtemps cher à l'humanité le nom du peuple portugais. Il a eu l'immense gloire de faire don des Indes à l'Europe ; il a ainsi ouvert une nouvelle vie au génie européen ; il a donné la clef de tout un monde commercial, et les peuples qui lui ont succédé dans ces parties du monde qu'il a eu l'insigne honneur de découvrir, lui doivent une éternelle reconnaissance.

Plût à Dieu qu'il n'y eût dans l'histoire du Portugal que des pages aussi sublimes ! Ce sont là des conquêtes qui portent haut le flambeau de la civilisation et amènent, lentement peut-être, mais certainement, la lumière dans les masses ; découvertes heureuses qui initiaient des nations inconnues à tout ce qu'il y a de puissant dans la vieille Europe tout en ouvrant l'esprit des nations du vieux monde à des régions toutes nouvelles.

Ce fut là le berceau de ce commerce immense qui devait en si peu de temps enrichir la métropole et échanger contre des trésors matériels la richesse morale qu'on allait porter au loin.

Malheureusement, par une triste compensation, le gouvernement de Jean III imposait au pays portugais une institution qui devait en peu de temps faire perdre le fruit de tant de travaux : il instituait l'inquisition. Don Sébastien lui succéda ; on connaît la tragique histoire de ce malheureux prince, allant perdre la vie sur une rive étrangère, dans une lutte téméraire contre des forces inégales. Mais sa mort fut surtout désastreuse pour son peuple ; il ne laissait pas d'héritier. Son oncle, appartenant au clergé, lui succéda : ce n'était que prolonger une situation déplorable. Plusieurs concurrents aspiraient à ce trône, entre autres : un duc de Savoie, descendant par les femmes de la maison de Bragance ; une duchesse Catherine de Bragance, descendante la plus directe ; enfin un roi d'Espagne, Philippe II, C'eût été, de la part de ce dernier souverain, un acte politique d'une haute portée que de fonder cette unité hispanique dont il entrevoyait l'immense avantage. Malheureusement, il était élevé à l'école des princes qui comptent les nationalités pour rien : il ne s'appuyait en aucune façon sur le peuple. Entouré et soutenu par les classes qui ne pouvaient désirer cet avénement de choses nouvelles, le clergé et la noblesse (la première, craignant les idées qui pouvaient jaillir de ce choc de populations ; la seconde ne voulant de partage ni dans ses prérogatives ni dans la faveur royale), ce sombre génie poursuivit partout sa voie. Il n'attendit pas le résultat des délibérations de la junte chargée de choisir parmi les concurrents, et envoya le duc d'Albe conquérir le Portugal : ce fut là que ce profond politique, maître du peuple espagnol, montra toute sa sagacité. Loin d'agir avec le peuple conquis comme il le faisait avec tous les autres soumis à sa puissance, il chercha à s'attirer les Portugais par de bons traitements : il leur épargna toutes les vexations dont il était coutumier et, enfin, tâcha d'assimiler, de fondre complétement les deux peuples en un.

Ses successeurs ne comprirent pas ce vaste projet : ils défirent tout l'ouvrage de leur prédécesseur. Le peuple portugais fut accablé d'impôts, les nobles persécutés : le mauvais génie espagnol reprit le dessus.

Ce fut alors qu'eut lieu en Portugal cette magnifique résolution, ce coup de foudre qui fit monter sur le trône la famille de Bragance, cette famille qui, malgré des vicissitudes de toutes sortes, devait garder la couronne royale et être appelée, comme nous l'espérons, à une splendide destinée.

L'Espagne était, à cette époque, gouvernée par le duc d'Olivarès régnant sur Philippe IV. Ce politique maladroit eut à lutter contre le chef de la maison de Bragance, astucieux et capable, cachant une ambition démesurée sous le masque d'un homme de plaisir ; il sut, sans se montrer mal à propos, gagner tous les esprits à sa cause et eut l'art de se faire porter malgré lui sur un trône qu'il semblait dédaigner.

A peine assis sur ce trône et commençant déjà les réformes nécessaires à reconstruire un État tout désorganisé par la tyrannie de Philippe III et de Philippe IV, une conspiration, tout aussi violente que la sienne, chercha à le renverser.

Le vieux parti espagnol, encore puissant dans le pays, voulut reprendre l'idée de Philippe II et ramener le Portugal à son assimilation complète avec l'Espagne. Cette conjuration avait pour chefs l'archevêque de Braga et le grand inquisiteur qui, certes, combattaient plutôt pour le roi d'Espagne contre le roi de Portugal, que pour le triomphe de la grande idée ibérique. Cette conspiration fut connue avant d'éclater et Jean de Bragance resta souverain paisible.

Habile administrateur, il organisa rapidement son gouvernement, diminua les impôts et soulagea les peuples oppressés. Appartenant à un siècle où les idées nationales ne prédominaient pas, il consolida sa maison par des luttes heureuses contre l'Espagne. Son successeur, Alphonse, sorte de fou furieux, libertin et cruel, continua cette guerre où, grâce à l'habileté du maréchal de Schomberg, il put résister au général don Juan d'Autriche. Enfin, devenu tout à fait odieux au pays, il fut obligé d'abdiquer et de remettre le pouvoir entre les mains de son frère, qui régna sous le nom de Pierre II.

Celui-ci mit enfin un terme à la guerre désastreuse avec

l'Espagne : il fit reconnaître sa couronne par la cour de Madrid, et la question, vivace toujours, quoique jamais nommée, de l'unité ibérique, se vit indéfiniment ajournée. Les temps n'étaient pas encore propices : le droit divin ne s'était pas encore fondu avec la volonté des peuples, et sans eux on ne pouvait rien.

A partir de cette époque, l'histoire du Portugal ne montre plus rien de saillant dans le domaine des idées ; les discussions intérieures entre les diverses castes ; celles, plus sérieuses, du gouvernement avec les jésuites, terminées par le renvoi de ces derniers et la mort de Joseph II, sont les seuls faits à citer.

Ce peuple se forme lentement, mais, enfin, il se forme, et c'est en cela qu'il est plus grand que le peuple espagnol.

Le Portugal, tout aussi dominé par le parti clérical que son voisin, a, du moins, une classe moyenne qui, s'élevant chaque jour davantage, forme le plus ferme soutien de la famille régnante.

Ce noble pays, orgueilleux et à juste titre de ses marins, Vasco de Gama, Alphonse d'Albukerque et Magellan, et de son grand poète, Camoëns, n'a pas, jusqu'à présent, à quelques exceptions près, démérité de son passé ; cependant il a beaucoup à faire encore avant de venir occuper le rang brillant qui lui est destiné dans l'avenir des nations latines.

Trop fier pour travailler, noble comme son proche parent l'Espagnol, le peuple s'abandonne facilement à la paresse et laisse aux étrangers toute espèce d'œuvre industrielle. Ce fait étrange se présente dans d'autres contrées, mais n'a, nulle part, produit un plus fatal résultat qu'en Portugal. N'est-ce pas là l'unique cause de cette domination anglaise qui, pour être déguisée, n'en est pas moins pesante? Cette puissance, toute en dehors du monde latin, composée de Saxons et de Normands, est venue sur un sol latin opprimer une nation abandonnée par ses sœurs. L'oppression se cache sous le nom de protection. Mais, la protection des Anglais est d'autant plus violente que leur politique semble plus douce : ils ne changent pas la forme du gouvernement, mais s'emparent des douanes ; ils ne touchent pas à l'orgueil national, mais ils empêchent tout autre commerce que le leur. En Portugal, les ports sont des ports anglais ; les riches maisons sont des maisons anglaises.

C'est une grande invasion morale du monde septentrional, c'est de nouveau l'antagoniste des barbares et des latins, mais un antagonisme plus terrible encore que l'ancien, car, jusqu'à présent, il sépare des nations vers lesquelles l'attiraient toutes ses sympathies et jusqu'à son origine, un malheureux pays qui se tournerait de lui-même vers le monde latin, si la tutelle anglo-saxonne ne tendait pas à faire de lui une colonie anglaise.

Il faut du courage et de la force à la famille de Bragance pour sortir de ce réseau tissé par une politique habile ; mais il lui faut surtout de l'énergie morale et de la patience pour conquérir la place qu'elle doit occuper parmi les familles appelées à être de vraies têtes de nation. Elle vient maintenant contracter avec l'Italie une alliance qui relie par le même principe deux points éloignés du monde latin ; elle n'a plus qu'à prendre exemple sur la maison de Savoie pour apprendre comment on triomphe de tous les obstacles en marchant haut et ferme dans sa voie et en créant son droit à de hautes destinées par la conquête des sympathies de tous les hommes intelligents, et par la propagation des grandes idées qui distinguent notre époque.

IV

Jetons maintenant un coup d'œil rapide sur l'histoire de l'Italie : voyons-la lutter, toujours à la recherche de son unité qu'elle n'a pu construire qu'aujourd'hui, et de son indépendance qui en est le résultat nécessaire et obligatoire.

Il se passe, dans la péninsule italienne, au moment de la grande invasion barbare, un fait bizarre. Les hordes venues du nord et de l'est, au lieu de former, comme partout, des têtes de nation, ne peuvent là que passer. Ce pays, si beau, si riche, et dont la puissance immense avait eu du retentissement jusque chez les barbares les plus éloignés, devait être un appât destiné à les attirer tous à la suite les uns des autres. Ils arrivèrent donc en foule de toutes parts, s'agglomérèrent, rencontrant quelquefois une résistance de la part de ceux à qui, par droit de nature, le sol appartenait, luttant toujours avec ceux qui les avaient précédés dans le chemin de l'invasion, mais n'ayant pas le temps de constituer un État avant l'arrivée de nouvelles tribus. Les Longobards forment cependant un royaume dans le nord de la péninsule, mais ce royaume est éphémère : il suffit du souffle de Charlemagne pour le renverser et l'anéantir. L'Italie devient enfin *une* en se fondant dans le vaste empire carlovingien.

Les successeurs du grand empereur ne peuvent pas contenir les peuples si divers soumis à son sceptre glorieux : l'Italie même devient la proie d'une foule de petites familles qui, une à une, fondent de petits États, ou bien ce sont des villes qui se soulèvent et forment de petites républiques, composées de la cité et de quelques terrains environnants.

Les premières tendances de l'esprit national italien se trouvent dans la formation des républiques indépendantes d'Amalfi, de Naples, de Pise et de Venise. Mais ce mouvement est bientôt entravé. Au xie siècle, les Deux-Siciles, comprenant toute la parte méridionale de l'Italie, sont envahies par les Normands qui y fondent un royaume.

Le pape, à la suite des dons de Charlemagne, a encore augmenté son territoire. Ce n'est plus que dans la partie septentrionale de la Péninsule que nous retrouvons des traces de l'esprit italien dans les petites républiques qui se serrent les unes contre les autres. Cette forme de gouvernement, la plus primitive de toutes et possible seulement dans des États de peu d'étendue, est, par elle-même, une cause de ruine, car elle ne peut qu'exciter les castes les unes contre les autres, aussitôt que la paix règne avec les nations voisines.

Aussi le sort de toutes ces républiques est-il d'aller constamment du pape à l'empereur et de l'empereur au pape : elles passent avec insouciance de l'une à l'autre domination, sachant qu'elles seront écrasées dès l'instant où elles voudront s'affranchir de l'une de ces suzerainetés.

La guerre longue et sanglante des Guelfes et des Gibelins sert à creuser une tombe à tous ceux qui rêvent une Italie. Puis, ce sont des guerres intestines, des rivalités de famille à famille, comme, à Milan, la lutte des Visconti et des Sforza.

Les idées italiennes disparaissent peu à peu, aussi peut-on dire qu'au xvie siècle, l'Italie n'est plus ; elle pourra encore quelquefois, de loin en loin, donner quelques signes d'existence : il y aura toujours, dans la succession des siècles, quelques hommes qui porteront en eux la grande idée de l'unité italienne ; mais, de fait, l'Italie n'est plus : le principe seul survit, profondément caché.

Et ce qui est cause surtout de cette profonde déchéance, c'est la lutte constante de l'empire et de la papauté.

La faute de cette dernière est de n'avoir pas compris qu'au lieu de rêver une souveraineté nominale et universelle, mais illusoire, elle devait se mettre franchement à la tête du mouvement italien, afin, en s'aidant de l'immense force morale que lui donnait le pouvoir spirituel, de retenir ce mouvement dans ce qu'il pouvait avoir de trop violent et de trop hardi, et d'en être ainsi le maître.

La seule république qui survit à cette destruction de l'Italie est celle de Florence, jusque vers 1530, époque où pape et empereur s'unissent contre elle, mais sans pouvoir l'abattre complétement, tant cette idée unitaire est saine et vivace.

Vers la fin de cette lutte fratricide, les deux seules maisons qui restent debout sont celles de Médicis et d'Est : elles sont complétement affaiblies ; mais enfin elles existent.

L'Italie, épuisée par ses dissensions du moyen âge, par les tiraillements incessants des partis égoïstes qui sacrifient son existence politique à des intérêts de dynastie, est sans force pour résister aux invasions successives de Charles VIII, de Louis XII, de François Ier et de Charles-Quint. Elle les accueille d'abord presque comme des sauveurs, puis se révolte contre tous les maux résultant de la guerre qu'ils viennent lui apporter ; livrée sans défense à une soldatesque effrénée, elle en est réduite aux regrets de sa vie passée.

Dégoûtée du monde matériel, elle se jette avec passion dans le monde moral, et étonne l'Europe éblouie par les splendeurs artistiques du siècle de Léon X. Il ne fallait rien moins à cette malheureuse contrée que les bienfaits d'une civilisation progressant sans cesse pour lui faire oublier toutes ses douleurs. Déjà, à l'époque de l'invasion de Charles VIII, un moine, plein de cette idée italienne, qui avait cependant perdu de sa force, prêchait à Florence la liberté prochaine, mais une liberté terrible. D'un caractère chaste, d'une vie exemplaire, ce dominicain, frappé des désordres épouvantables de son pays, annonçait l'arrivée d'un conquérant : il appelait le peuple à la prière, et le pressait de mériter son bonheur futur par une vie exempte de passions. Triste moyen de repousser l'étranger ! Mais les idées de Savonarole, si elles n'étaient pas précisément justes, partaient du moins d'un cœur noble et pur.

A cette même époque, Alexandre Borgia étalait impudiquement ses vices et ses mauvaises passions sur le trône pontifical.

Savonarole eut plus tard un successeur dans Machiavel. Celui-ci, comme son prédécesseur, rêvait l'Italie une et indépendante; mais, politique habitué aux rouéries de son époque, il prit une voie tout opposée. Savonarole s'adressait au peuple qu'il voulait, non-seulement instruire politiquement, mais régénérer moralement : prêchant l'exemple, il enseignait les plus hautes vertus, condamnait toutes les immoralités, et voulait un homme parfait dans une république parfaite.

Machiavel, lui, loin de s'adresser au peuple, s'adresse au prince : il lui dit : « Soyez tyran, mais sauvez mon pays. Que l'Italie soit une, qu'elle soit indépendante de l'étranger. Pour en arriver là, tenez-la, s'il le faut, sous un joug de fer. »

Ces deux hommes, aussi étranges, aussi extraordinaires l'un que l'autre, ne parvinrent même pas à galvaniser un instant ce cadavre d'une nationalité morte.

L'Italie était tellement abaissée, tellement nulle, qu'un génie italien, Christophe Colomb, donnait à un pays étranger un nouveau monde.

A partir du concile de Trente, la vie éminemment active, la vie civilisatrice abandonne le midi qu'elle a constamment soutenu pour s'élancer vers le nord.

Les populations italiennes s'endorment de ce sommeil de plomb dont elles dormaient encore il y a quelques années à peine.

Cependant, l'idée de la nationalité n'avait pas complétement disparu : elle s'était fait un dernier rempart de la république de Venise. Ce fut là sa dernière convulsion jusqu'à l'époque contemporaine.

Vers 1820, naissent en Italie une foule de *sociétés secrètes.* Le carbonarisme, qui se trouve si intimement lié à toute l'existence politique du XIXe siècle, reprend de nouvelles forces. C'est des conciliabules italiens que partent les mots d'ordre qui, comme des traînées de poudre, jettent partout la terreur en renversant tous ces vieux abus que le traité de Vienne croyait avoir si solidement rétablis; qu'avaient fait les traités de 1815? Ils avaient mis l'archiduchesse Marie-Louise à Parme, l'archiduc François à Modène. Florence, dont l'ancienne famille souveraine, celle des Médicis, s'était éteinte en 1757, avait été donnée à la maison de Lorraine. La Lombardie et la Vénétie étaient devenues deux des plus beaux fleurons de la couronne d'Autriche. Rome était au pape, les Deux-Siciles aux Bourbons.

Partout on voyait des familles : nulle part l'Italie.

Si, cependant! L'esprit national s'était réfugié tout au nord, dans le Piémont. C'est de là que devait partir l'étincelle destinée à allumer tous ces foyers d'insurrection.

Il est une figure qui résume admirablement toutes les souffrances cachées de la grande nation italienne : c'est celle de l'exilé de Venise, de Manin, venu en France chercher un tombeau, Manin, dont la sublime devise doit être le mot d'ordre de tous les vrais Italiens : *Indépendance et unification.*

En effet, lorsque ce dernier représentant de la grande cité italienne revenait fugitif du pays qu'il avait tâché de relever de son profond abaissement, on pouvait dire de l'Italie qu'elle avait, non-seulement besoin d'être affranchie, mais encore d'être créée.

Au premier coup de canon français, non-seulement l'Italie cherchait à *être*, mais elle était. La France venait au secours de sa sœur latine, et la tyrannie s'enfuyait.

V

Parmi le nombre des Etats si divers, comme gouvernement formant la nouvelle Italie créée par les traités de 1814, celui qui devait jouer le rôle le plus important dans l'histoire contemporaine était certainement celui sur lequel les yeux de l'Europe ne se seraient pas portés alors.

Cet Etat était cependant gouverné par le descendant d'une des plus anciennes familles régnantes.

La maison de Savoie ne s'était fait remarquer jusque-là que par ce qu'elle avait accompli avec le secours de ses alliés ; elle ne s'était jamais montrée seule ; mais aussi la première fois qu'elle se montre elle frappe tous les esprits, étonnés de trouver une telle force de vitalité là où on ne l'avait même pas cherchée.

La Savoie (*Sabaudia*) était , au xiv⁰ siècle , composée de tout le pays au sud du lac Léman. Elle subit le sort de toute cette partie de l'empire romain. Envahie par l'un, puis par l'autre, changeant constamment de maître, elle n'arriva que fort tard à se constituer, non pas en pays indépendant, mais en pays distinct.

Le premier ancêtre de la maison de Savoie est connu sous le nom d'Humbert aux blanches mains. Ce chef d'une grande famille appartient presque à la légende.

Le pays sur lequel dominait cette famille fut érigé en comté au commencement du xiie siècle, sous Amédée III de la maison de Saxe. Ce comté s'étendit peu à peu par des guerres avec ses voisins. Son influence ne tarda pas à s'accroître et les services rendus par la famille de Savoie furent tels qu'en 1416, l'empereur Sigismond, non-seulement l'érigea en duché, mais encore l'annexa à la principauté du Piémont.

Les ducs de Savoie firent des alliances avec les principales familles royales de l'Europe. Ne songeant qu'à agrandir leur maison, ne s'occupant point de quel côté se tournaient les sympathies des populations, ils marchèrent, comme les souverains de leur époque, dans une voie souvent funeste, qui les éloignait du but qu'ils pouvaient espérer atteindre.

Ainsi nous les voyons presque toujours entrer dans les ligues formées contre la puissance française quand, depuis longtemps, leur intérêt bien entendu aurait dû les entraîner, au contraire, vers une alliance avec elle.

Mais c'était la suite naturelle et forcée de ces mariages faits par la diplomatie d'autrefois, mariages qui, ainsi que nous le disions plus haut, ne fécondaient pas une idée puissante et civilisatrice.

La Savoie, par sa position entre la France et l'Italie, devait servir souvent de champ de bataille aux rois de France et auxempereurs.

Mais l'époque où ce pays fut le plus cruellement éprouvé est certainement le moment où Louis XIV, étant en guerre avec presque toutes les puissances de l'Europe, envoyait des armées à toutes les frontières.

C'est le moment où Catinat battait Victor-Amédée, lui prenait la Savoie et une partie dn Piémont pour les perdre ensuite.

C'est le moment où la guerre de la succession d'Espagne mettait sur pied toute l'Europe prête à châtier l'audace du grand roi.

On sait comment se termina pour la France cette terrible guerre qui, par le traité d'Utrecht, donna au duc de Savoie la Sicile avec le titre de roi.

L'empereur Charles VI ne tarda pas à réclamer cette île fertile et offrit, en échange, la Sardaigne au roi de Piémont.

Lors de la révolution de 1789, le roi de Piémont s'allia encore contre la France dans l'espoir d'augmenter son territoire par l'adjonction du Dauphiné, qui lui était promis par un traité secret.

Mais l'époque n'était plus la même : le flot français poussé par les idées nouvelles inonda son territoire, et lui et sa famille n'eurent d'autre retraite que cette île de Sardaigne qu'ils n'avaient que depuis 80 ans.

Les traités de 1814 lui rendirent son territoire, et cette famille, grande à toutes les époques par sa haute vaillance, sera plus grande encore aujourd'hui pour avoir, la première en Europe, adopté ces mêmes principes qu'elle avait si violemment combattus en 1793.

Il ne lui restait plus qu'un rôle à prendre, celui de se mettre à la tête du mouvement national italien et de le faire triompher.

La malheureuse campagne de Charles-Albert, si tristement terminée par la bataille de Novare, sembla devoir faire évanouir toutes les idées libérales qui s'étaient emparées de cette noble famille.

Il n'en fut rien : le successeur de Charles-Albert atteignait

le but que son prédécesseur n'avait pu atteindre : Victor-
Emmanuel était le roi de toute l'Italie, de droit, sinon de fait,
grâce à l'esprit éclairé qui avait dirigé sa conduite ; grâce au
courage extraordinaire d'un peuple trouvant, pour la première
fois depuis les Césars, sa liberté et son indépendance, grâce
surtout à l'alliance française qui, entraînant l'Italie par son
exemple, devait l'aider à se placer au rang des nations de
premier ordre.

Quand on examine attentivement la position du Piémont
vis à vis de l'Italie il y a quelques années, on est frappé de la
similitude qui existe entre lui et le Portugal.

En effet, en Italie, une vaste péninsule s'étend, soumise à
des gouvernements divers, habitée par une population aspi-
rant à l'unité ; au nord, dans un coin de cette langue de terre,
est un petit Etat, médiocre par l'étendue, mais grand par les
idées qui y fermentent. Cet Etat, qui n'est presque rien dans
l'ensemble du pays, s'étend tout à coup, poussé visiblement
par la main de Dieu : il grandit, il se développe, il s'allonge
et bientôt il s'absorbe dans l'Italie tout entière qui devient alors
un pays unanime.

En Espagne, nous voyons également une vaste péninsule,
dominée par un seul gouvernement clérical. Dans la nation,
les esprits s'agitent, les intelligences demandent d'autres
aliments : l'âme oppressée réclame la liberté. A l'ouest de cette
nation, dans une portion du même territoire, est un peuple
de même race, parlant la même langue, ayant les mêmes
mœurs ; moins soumis au joug clérical que son voisin, que son
frère, il est bien plus près de l'unité peut-être et de l'indépendance certainement. C'est de là que doit partir bientôt le
signal de l'unité Ibérique : et, répondant aux cris d'un des
côtés de la Méditerranée : Italie ! Itatalie ! l'autre côté répondra
son tour : Ibérie ! Ibérie !

Cette similitude entre les deux nations existe aussi entre
les deux familles qui les gouvernent : toutes deux sont, comme
royauté, parmi les plus nouvelles ; elles sont très-libérales ;
elles savent que les peuples qu'elles conduisent se composent
d'hommes libres et non d'esclaves; elles comprennent l'avenir
qui leur est réservé, l'acceptent franchement, sans arrière-
pensée et ne manqueront pas à leurs destinées.

Pour l'une, presque tout est fait : pour l'autre, tout est à faire ; la seconde est en arrière de quelques années sur la première. En dehors même de cette parité d'instinct, de but et de conformation territoriale, il existe entre les deux dynasties des liens de famille : nous allons en rappeler quelques-uns ici.

Lorsqu'à la mort de Don Sébastien de Portugal, dans la seconde moitié du xvie siècle, le trône se trouva vacant, parmi les compétiteurs à la couronne se présente un des ducs de Savoie, Emmanuel-Philibert. Ce prince avait des droits au sceptre portugais, comme petit-fils, par sa mère, du grand Emmanuel. La junte assemblée pour élire les souverains fut, ainsi qu'on le sait, dissoute par le duc d'Albe, avant d'avoir pu faire connaître son choix, et ce fut Philippe II qui prit pour lui la couronne.

Peut-être sans ce fait, brutal par lui-même, quoique immense par les conséquences qu'il aurait pu avoir, le trône de de Portugal appartiendrait à la maison de Savoie.

Plus tard, nous voyons Alphonse, fils de Jean IV, haï par ses peuples pour ses vices, épouser la princesse Françoise de Savoie. Cette union offre un fait étrange : à l'abdication de son mari, la reine Françoise fit casser son mariage sous prétexte qu'il n'avait pas été consommé.

Singulier exemple des mœurs du temps ! Du reste, elle ne revint pas dans sa famille et épousa son beau-frère qui fut plus tard sacré roi sous le nom de Pierre II.

Enfin, n'oublions pas que le Portugal est la terre que choisit le roi Charles-Albert, après son abdication, pour y aller mourir en paix ! Cette mort a peut-être servi à cimenter l'union entre deux maisons dont les destinées ont été si longtemps mises en question et qui semblent vouloir briller aujourd'hui du plus vif éclat.

Ainsi les liens de famille ne manquent pas plus à ces deux dynasties que les liens de sympathie sociale et politique.

VI

Qui sait si l'alliance qu'on célèbre n'est pas l'aurore de l'unité ibérique ?

Ce qui fit que l'œuvre de Philippe II devait tomber, ce n'était pas l'œuvre en elle-même, qui était viable, grande et forte ; c'était le despotisme qui ne peut pas, qui ne pourra jamais conduire à la liberté ni à l'unité.

Cette idée demande aujourd'hui à être reprise. De toutes parts, les peuples sont las de ne pas vivre de leur propre vie et d'être la propriété exclusive d'une famille : ils veulent se grouper par nations et non pas être séparés par des limites artificielles, improvisées au gré de diplomates ne tenant aucun compte de la marche du temps.

Le puissant roi d'Espagne avait su vaincre, pour arriver à son but, et la puissance cléricale qui l'entourait de tous côtés et les seigneurs grands et petits qui ne voulaient pas de nouvelle noblesse ; et si ses successeurs, au lieu de suivre une politique opposée à la sienne et par conséquent inhabile, avaient continué son œuvre d'assimilation, le Portugal et l'Espagne seraient fondus aujourd'hui.

Don Luis Ier de Bragance s'appuie sur la nation elle-même ; la tâche est beaucoup plus facile pour lui ; sur la voie où il veut se lancer la pente est douce, et, sans fatigue comme sans grands obstacles, il arrivera tout naturellement à son but.

Quel bien immense pour l'Espagne ! Son gouvernement caduc, enveloppant son absolutisme dissimulé sous le manteau trompeur d'une forme progressive, ne veut rien, et, le voudrait-il, ne peut rien ; comme au vieillard épuisé il faut lui infuser du sang jeune dans les veines : ce sang jeune, il ne peut le trouver que chez son voisin, et, tôt ou tard, c'est là qu'il devra l'aller chercher s'il en a le courage.

Que le Portugal et l'Espagne oublient donc leur vieille haine ! Elle n'a plus de raison d'être à une époque où les nationalités se forment d'elles-mêmes, presque sans secousses, par la force seule de l'enchaînement mutuel des faits.

Du reste, ces haines entre populations de même sang avaient toujours pour point de départ les querelles des membres d'une même famille, mais les peuples n'en profitaient pas. Si les dynasties se séparent violemment les unes des autres, les nations ont tant de liens communs, que ces querelles entre individus ne doivent pas amener des luttes de peuple à peuple.

Quand les sociétés se formaient ; quand, pour sortir du

chaos, suite inévitable de l'invasion, il fallait se grouper par élans autour d'un chef, plutôt de famille que de gouvernement, il était nécessaire que la masse soumise prît le parti de son conducteur : l'installation de la communauté, la sûreté générale dépendaient de cet accord. Mais, après l'immense triage qui s'est fait à la suite d'un immense chaos, aujourd'hui que les nationalités se groupent, se recherchent, s'attirent, les chefs n'ont plus le droit de commander seuls : ils doivent s'appuyer sur l'idée nationale ; ils doivent la diriger, l'empêcher d'aller trop vite ou bien la hâter s'il en est besoin.

En agissant ainsi, leur rôle est plus beau, plus grand et surtout plus complet qu'autrefois. Ils n'étaient que chefs de nations : ils deviennent législateurs et législateurs d'une société naturelle qui prend pour base et pour devise la sublime parole du Christ : *Aimez-vous les uns les autres,* véritable devise de l'égalité et de la nationalité.

Voilà ce que comprennent les maisons de Savoie et de Bragance ; voilà ce que n'a jamais pu comprendre la maison de Bourbon. Aussi, non-seulement, elle ne peut servir à la régénération de l'Italie, mais encore elle y nuit. Cette régénération n'est possible que sans elle : elle est donc condamnée d'avance.

C'est aux dynasties jeunes qu'il appartient de faire ces coups hardis qui changent la face du monde.

L'unité ibérique en elle-même serait déjà pour l'Espagne un bienfait : mais cette unité, appuyée sur l'unité italienne et sur l'unité française, se triplerait par les rapports des trois grandes nations unies entre elles ; et ces trois nations n'y sont-elles pas prédestinées, elles qui sont toutes trois filles d'une mère commune, Rome ; elles qui baignent leurs rives dans un lac commun, la Méditerranée ; elles dont les coutumes sont au fond les mêmes et dont les lois viennent en grand nombre d'une source identique, le « Jus Romanum ? » Qui donc pourrait nier leur étroite parenté ?

Lorsque les barbares ont envahi leurs trois territoires, n'y ont-ils pas pris, au lieu d'y apporter, des idées ? Ces mêmes barbares ne se sont-ils pas assimilés complétement aux peuples qu'ils venaient conquérir, au lieu d'assimiler à eux ces peuples ?

Ne sent-on pas là une main divine qui appelle la race latine
cette race qui a tant pleuré, qui a tant souffert, à des destinées
tellement élevées que l'œil humain ne peut les mesurer ?

Certes, cette triple unité doit *être* et *sera*, car elle est nécessaire à tous les peuples, elle est nécessaire à la marche même
de la civilisation.

L'Italie et la France, plus avancées dans le monde civilisateur, viendraient au secours de l'Espagne pour l'aider à s'é-
lancer dans la voie du progrès, et celle-ci, à son tour, viendrait
prêter son appui et sa vigueur à ses deux sœurs dans leurs
défaillances morales.

Cette triple unité, l'unité française, l'unité italienne et l'u-
nité ibérique, ne serait pas seulement un grand bien pour cha-
cune de ces puissantes nations, mais encore pour le monde
entier. Ces trois filles de la latinité pourraient faire revivre ces
époques écoulées d'où elles tiennent ce qu'elles ont de grand
et d'homérique.

Ces travaux gigantesques, commencés par nos ancêtres les
Romains, devant lesquels notre présent dans toute sa force
s'incline, ne pourraient-ils pas être repris ?

N'y aurait-il pas quelque chose de vraiment grandiose, de
vraiment surhumain, à voir trois grands peuples marcher la tête
haute à l'avant garde des nations et leur frayer la route de
l'avenir.

Pour le coup, la lumière, qui venait du Nord, comme disait
Voltaire, reviendrait rayonner dans son véritable foyer, le foyer
latin. La lumière venait du Nord parce que, des filles latines,
deux étaient écrasées et pantelantes, l'une sous le pied des Hapsbourg, l'autre sous le pied des Bourbons ; l'une étouffée par
l'absolutisme gouvernemental et laïque, l'autre par l'absolutisme clérical.

De ces deux nations abattues, l'une s'est relevée grâce à
sa sœur toujours puissante, la France ; c'est à son tour maintenant de venir au secours de la troisième et elle n'y manquera
pas.

C'est alors que ce foyer étincelant fera pâlir la lumière qui
vient du Nord, cette lumière du droit divin qui brûle sans ré-
chauffer, comme la glace du pôle.

Courage donc, Italie ! France ! Ibérie ! Le monde entier a

les yeux sur vous : l'Europe entière est dans l'attente d'un de ces grands événements qui frappent un siècle d'étonnement ! Marchez en avant : l'avenir, un avenir splendide s'ouvre devant vous !

Voyez ! les vieux trônes vermoulus tremblent. Il faut être jeune et fort pour pouvoir tenir le sceptre ! Les peuples ne veulent plus *de bon plaisir* ni autres formules surannées servant à désigner des principes surannés ; ils demandent à ceux qui les conduisent une main sûre et ferme, un cœur droit et loyal et la ferme volonté d'aller en avant avec eux et pour eux.

Ah ! comme on le portera haut et radieux le flambeau de la civilisation quand il sera placé entre les mains de ces trois fortes et généreuses sœurs : la France, l'Italie, l'Ibérie ! Marchant à la tête des nations, sa clarté ardente illuminera la grande voie ouverte au progrès, et malheur à ceux qui, par amour du passé ou par haine de l'avenir, voudraient l'éteindre ! La flamme, se retournant contre leur souffle, les dévorerait.

Lorsque, devant la carte de l'Europe rectifiée, nos neveux se rendront compte de l'immense travail qu'a dû nécessiter l'enfantement de toutes ces glorieuses nationalités, ils comprendront tout ce qu'il y a de grand et de vraiment héroïque dans ce siècle. Ils admireront le génie et la longue patience qu'il a fallu aux chefs des gouvernements pour fixer les limites des États.

Ils se diront aussi qu'il y avait quelque chose d'irrésistible dans l'agglomération de plus de 75 millions d'hommes qui, à côté du nom de leur patrie respective, avaient encore dans le cœur celui d'une sorte de patrie commune, le latinisme, et opposaient à l'absolutisme du Nord le régime représentatif, au droit divin, le droit des peuples.

VII

Un monument s'élève dans la ville de Gênes à son plus illustre enfant, Christophe Colomb. Il y a trois siècles, l'Italie qui ne pouvait rien pour elle-même, en donnant cet homme à la péninsule Ibérique dota l'Espagne d'un monde nouveau.

Puisse-t-il se refaire, le miracle de Colomb ! et plus grandiose encore que la première fois ! puisse à la suite d'une princesse italienne, l'esprit latin, l'esprit de liberté et de civilisation pénétrer plus profondément dans le Portugal ! puisse l'Espagne, réchauffée au contact, découvrir un monde plus merveilleux que celui de Colomb, le monde des idées nouvelles et fécondes !

Nous l'avons dit, un souffle puissant traverse les peuples et les pousse en avant.

Les gouvernements n'ont pas le choix entre la marche ou l'immobilité ; il faut qu'ils avancent ou qu'ils tombent.

C'est que les sociétés progressent comme les arbres poussent ; et il y a quelque chose de consolant pour l'esprit humain dans cette pensée que le progrès n'est pas seulement la plus sublime aspiration de l'intelligence, mais aussi la loi la plus irrésistible de l'humanité.

Le vicomte MARY DE TRESSERVE.

Imprimé par Charles Noblet, rue Soufflot, 18.